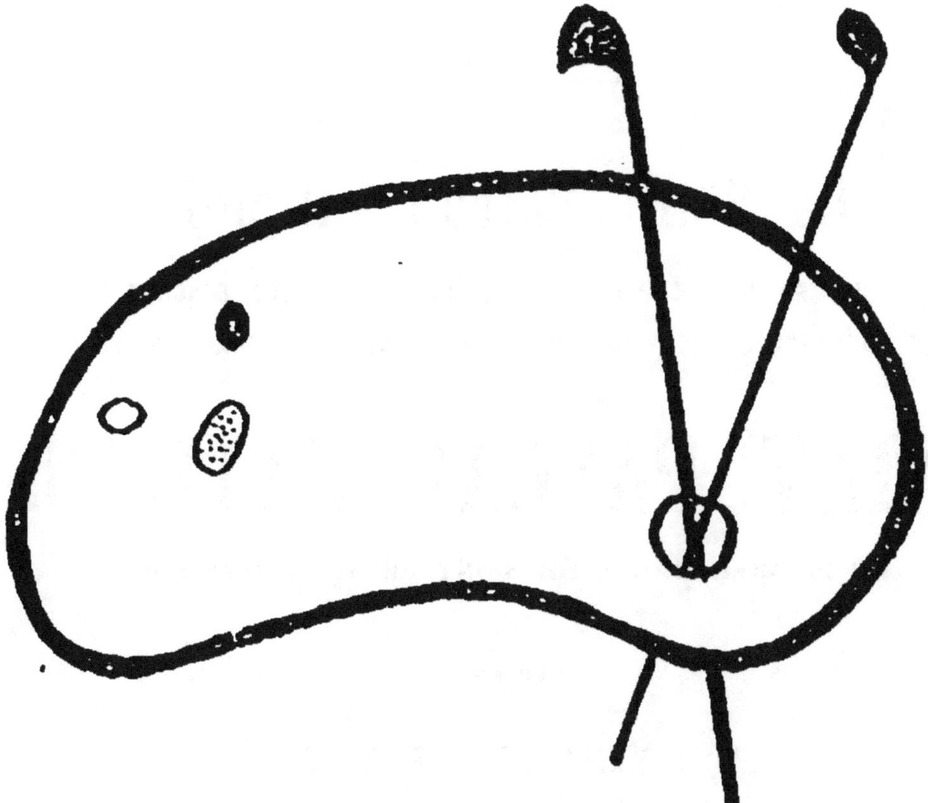

FIN D'UNE SERIE DE DOCUMENTS
EN COULEUR

UN MODÈLE
POUR PETITS ET GRANDS
DE LA DÉVOTION AU TRÈS-SAINT SACREMENT

Le Saint Patron officiel

CHOISI ET IMPOSÉ PAR LE PAPE POUR TOUS LES CONGRÈS
ET POUR TOUTES LES ŒUVRES ET ASSOCIATIONS EUCHARISTIQUES

SAINT PASCAL BAYLON

DU PREMIER ORDRE DE SAINT FRANÇOIS D'ASSISE

PAR LE

P. CYRILLE FERRET

EN VENTE CHEZ L'AUTEUR

7, rue Dupin, à Niort (Deux-Sèvres)

ET CHEZ TOUS LES LIBRAIRES

SAINT PASCAL BAYLON

Ce qu'a décidé le Pape Léon XIII.

Par sa lettre du 28 novembre 1897 sur les congrès et associations eucharistiques :

« Comme le sujet est très important et nous tient fort à cœur, dit-il, après avoir souvent loué les congrès et les associations eucharistiques, et mû par l'espoir de les voir produire des fruits plus abondants, Nous jugeons maintenant utile de leur assigner un patron céleste choisi parmi les saints qui brûlèrent d'un plus ardent amour envers le Très-Saint-Sacrement de l'Eucharistie.

« Or, parmi ceux dont la piété à l'égard de ce sublime mystère de la foi a paru se manifester avec la ferveur la plus ardente, *Pascal Baylon* tient le plus haut rang...

« Nous croyons donc que les associations eucharistiques ne sauraient être confiées à un meilleur patronage...

« Espérant que Notre décision tournera à l'intérêt et au bien de la chrétienté, Nous déclarons et constituons, de Notre autorité suprême, et par la vertu des présentes Lettres, saint Pascal Baylon patron particulier des congrès eucharistiques et de toutes les associations qui ont pour objet la divine Eucharistie, tant de celles qui ont été constituées jusqu'à ce jour que de celles qui le seront dans l'avenir.

« Nous formons des vœux pleins de confiance pour que les exemples et le patronage de ce saint aient pour fruit l'augmentation du nombre de ceux qui, dans le peuple chrétien, rapportent chaque jour leur zèle, leurs desseins, leur amour au Christ Sauveur, principe le plus élevé et le plus auguste de tout Salut...

« Les présentes Lettres, termine le Souverain Pontife, conserveront leur validité dans les temps futurs, nonobstant tout ce qui pourra être fait à l'encontre par qui que ce soit... »

Dès lors, tous les congrès et toutes les associations eucharistiques ne devraient jamais commencer leurs réunions sans invoquer tout spécialement saint Pascal Baylon ; et pourtant c'est un protecteur bien oublié et un saint dont bien peu connaissent la vie si admirable et si édifiante.

Il ne pourrait venir à la pensée de personne de

trouver et de recommander un saint patron et un modèle mieux approprié pour les œuvres et associations eucharistiques que celui qui a été choisi d'une manière si officielle et si solennelle par le Souverain Pontife lui-même ; et il est indubitable que Notre-Seigneur Jésus-Christ doit réserver dans son Saint-Sacrement des grâces spéciales et des faveurs particulières et plus abondantes à tous ceux qui, dans les œuvres eucharistiques, se recommandent de la protection et du patronage de saint Pascal Baylon, comme le leur indique le Chef de l'Église, le premier et suprême directeur de la dévotion catholique.

Apprenons donc à connaître, à aimer, à prier et à imiter saint Pascal Baylon dans tout ce qui a rapport surtout au Saint-Sacrement.

Saint Pascal Baylon enfant.

Saint Pascal naquit à Torre Hermosa, en Espagne, le 17 mai 1540, au jour de la Pentecôte, que les Espagnols appellent la Pâque de Pentecôte, d'où vint au saint le nom de *Pascal*. Il était le fils d'un homme plein de foi, Martin Baylon, et d'une mère pieuse, appelée Isabelle Jubera.

Celle-ci porta de bonne heure et souvent son

enfant à l'église, en lui montrant le tabernacle où se trouvait le bon Jésus, et en lui faisant faire le signe de la croix.

Elle eut le bonheur de voir ensuite son petit Pascal sourire au Tabernacle, en envoyant ses baisers au bon Jésus et en traçant sans cesse sur lui le signe de la croix quand il ne pouvait pas encore parler.

Un jour même, sa mère l'ayant laissé seul, le petit Pascal voulut se rendre à la maison du Bon Dieu, et ne pouvant pas encore marcher tout seul, il s'y traîna à quatre pattes, comme on dit vulgairement, tout joyeux de se retrouver en face du bon Jésus.

La bonne mère, craignant que son cher enfant ne fût exposé à quelque accident fâcheux, lui recommanda bien de ne plus retourner seul à l'église ; mais le petit saint, entraîné par un attrait irrésistible, n'était entièrement satisfait que lorsqu'il allait tenir compagnie au bon Jésus, et quand sa mère ne le trouvait pas à la maison, elle savait bien où aller le prendre.

Saint Pascal berger.

A sept ans, Pascal fut chargé par ses parents

de veiller sur leur petit troupeau, au milieu des champs et dans les bois. Il aimait alors à réciter son chapelet et à le faire réciter à ses petits camarades pendant la journée, et regrettant de ne pouvoir se rendre à l'église aussi souvent qu'il l'aurait voulu, comme il en avait déjà pris l'habitude, il envoyait son cœur à Jésus, au Saint-Sacrement.

Il remplaçait ses stations à l'église par des prières et des visites à une petite chapelle dédiée à la Très Sainte Vierge, et il méritait d'être visité à son tour par la Reine du ciel et ses anges.

Il n'est pas étonnant que Pascal pensât à se faire religieux. Il avait à peine 15 ou 16 ans alors. Un jour, lui apparurent saint François d'Assise et sainte Claire, deux modèles parfaits et remarquables de la dévotion à la sainte Eucharistie, qui lui dirent : « Pascal, Dieu a pour agréable ton dessein de te faire religieux ; tu vas recevoir la visite d'autres Frères Mineurs ; va ! quitte ta famille et ta patrie, et viens suivre le Seigneur dans la vie religieuse. »

Mais, par un sentiment d'humilité, Pascal, qui se rendit d'abord dans un pays où il n'était pas connu, dans les environs d'Alicante, où se trouvait un couvent de Frères Mineurs, attendit encore quatre ans, en continuant son office de berger au service des autres, avant de demander à entrer comme novice.

Entre temps, il se fit recevoir au Tiers-Ordre de Saint-François, et continua à mener sa vie parfaite de travail, de prière et de dévotion au Saint-Sacrement. Il obtint même de ses maîtres, qui voulurent récompenser sa fidélité et ses soins, de pouvoir assister à la messe les jours sur semaine. Le devoir seul pouvait arracher le saint jeune homme à l'église.

Saint Pascal visité par le Saint-Sacrement.

Le cœur de saint Pascal restait toujóurs là où se trouvait son trésor, c'est-à-dire au saint Tabernacle. Il n'oubliait jamais son Jésus. Au milieu des champs, quand il entendait sonner la sainte Messe, il s'y unissait avec ferveur. Il se mettait à genoux et s'inclinait profondément quand tintait l'élévation ; et désolé de ne pouvoir se rendre auprès de son Jésus, il l'appelait souvent à lui, par le désir et la communion du cœur.

O merveille ! qui à elle seule justifierait le choix du Souverain Pontife pour faire de saint Pascal Baylon le patron des œuvres eucharistiques ! un jour que celui-ci appelait encore à lui, avec plus d'ardeur que jamais, la présence de son Jésus, il vit tout à coup devant lui une troupe d'anges qui portaient le Très-Saint-Sacrement dans un ostensoir d'or.

Pascal, qui ne pouvait croire qu'une telle faveur fût pour lui seul, s'écriait ravi, enthousiasmé, en appelant ses compagnons : « Venez, mes amis, adorons le Seigneur ! Il est là devant nous, les anges nous l'apportent, Jésus Eucharistie est au milieu de nous ! »

Mais les autres bergers, accourus à son appel, avaient beau regarder, ils ne voyaient rien ; et cependant, à la seule vue de Pascal, et en sentant un effet merveilleux dans leur âme, ils ne pouvaient douter qu'ils se trouvaient eux aussi en face du Dieu d'amour.

Les historiens du saint attestent que cette même faveur lui fut souvent renouvelée. On ne voit rien de semblable dans la vie d'aucun saint, et saint Pascal fut sans aucun doute un privilégié de l'amour de Jésus Eucharistie.

Saint Pascal religieux.

Une fois entré au couvent, Pascal devint le modèle de tous les religieux dans la pratique de toutes les vertus, surtout de l'obéissance, de la pénitence, de la pauvreté, et tout particulièrement de l'amour le plus ardent et le plus fidèle pour Jésus au saint Tabernacle.

Sa vie se passa désormais dans la prière, dans les extases, au milieu des merveilles de toute sortes, tout en étant très occupée à l'extérieur aux soins matériels du couvent, aux travaux et aux voyages de son office de frère quêteur.

Il ne sortait jamais, après avoir obtenu la permission de son supérieur, sans aller à la chapelle demander à son divin Jésus de le bénir et de l'accompagner de son amour, tout en lui laissant le sien avec tout son esprit et tout son cœur.

Ses extases devenaient de plus en plus fréquentes, surtout quand il priait à l'église, où il se retrouvait toujours, aussitôt qu'il n'était pas retenu ailleurs par le devoir ou la charité.

Un jour qu'il revenait à lui, il s'aperçut qu'un de ses Frères avait été témoin de la grâce qu'il venait de recevoir. « Mon Frère, lui dit-il, ne vous étonnez pas de ce qui vient de se passer. Je suis un méchant enfant, et Dieu, comme un bon Père, cherche à me conquérir à force de caresses, bien que je n'aie rien mérité. »

Et une autre fois par un prodige singulier Dieu montra à toute la communauté que l'obéissance seule était capable d'empêcher saint Pascal de céder à l'entraînement qui le portait à se rendre à l'église.

« Tout le long de la route, a raconté un de ses compagnons de voyage, Frère Pascal me parlait de Dieu d'une façon si efficace que son amour divin devenait en quelque sorte mon amour. La dévotion au Très-Saint-Sacrement et à la Sainte Vierge étaient ses marques distinctives. Souvent il me faisait réciter l'office de la Très Sainte Vierge, ou bien, nous arrêtant sous un arbre, nous disions la station du Très-Saint-Sacrement. Aussitôt que nous entrions dans une paroisse, mon saint compagnon commençait par se rendre à l'église pour déposer au pied du Tabernacle le tribut de son adoration et de sa tendresse. »

Saint Pascal en France.

Saint François d'Assise aimait particulièrement la France et aurait voulu s'y établir, à cause, disait-il, de la façon toute spéciale dont on honorait le Très-Saint-Sacrement dans ce beau pays.

Saint Pascal Baylon eut une occasion providentielle de venir en France, que visitèrent aussi les plus illustres enfants de Saint-François d'Assise, comme saint Antoine de Padoue, saint Bonaventure, le bienheureux Jean de Parme, saint Jean de Capistran, le grand docteur Duns Scot et autres encore.

A l'époque de saint Pascal, la dévotion à la sainte Eucharistie, en France, était menacée et combattue à outrance par l'hérésie protestante, maîtresse déjà en plusieurs régions.

Le général des Frères Mineurs, qui était un Français, Christophe de Cheffontaines, se trouvait alors à Paris, et le supérieur de Valence, en Espagne, devait lui communiquer des papiers de la plus haute importance. C'était un long et dangereux voyage à faire, de Valence à Paris, et c'était exposer le messager, un religieux surtout, à trouver la mort parmi les cruels huguenots.

Le supérieur espagnol s'en ouvrit à Frère Pascal, qui se mit aussitôt à la disposition de l'obéissance. « Quant aux périls dont vous me parlez, ajouta le saint, mon plus grand désir serait de souffrir et de mourir pour mon Seigneur Jésus-Christ ; mais je n'ose, en mon indignité, espérer une si grande faveur. »

Le saint se mit en marche, n'emportant, dit son historien, que sa foi vive et son pauvre habit, allant nu-pieds, mendiant son pain. Dans son voyage, en France, il fut en butte à toutes sortes de misères et de persécutions de la part des hérétiques, qui allèrent jusqu'à le frapper violemment et à l'accabler de pierres; mais Dieu veillait sur son serviteur, et il put arriver malgré tout jusqu'à Orléans.

Saint Pascal apôtre et martyr de l'Eucharistie.

On peut dire que le voyage de saint Pascal en France fut un acte de foi héroïque et continuel au Très-Saint-Sacrement.

A Orléans, plusieurs hérétiques entourèrent le saint avec menaces, et l'un d'eux lui demanda s'il croyait qu'il y eût vraiment Dieu dans le pain consacré ? Saint Pascal comprit que l'heure du martyre était arrivée pour lui : « Hé ! sans doute, s'écria-t-il aussitôt en levant les yeux au ciel avec la plus grande ferveur et en laissant parler toute sa foi et tout son cœur, Notre-Seigneur Jésus-Christ est vraiment et réellement dans la sainte hostie comme il est au ciel. »

Les hérétiques allaient se jeter sur lui ; mais contenant leur rage, en voyant l'humble apparence du Frère, ils espérèrent l'entraîner dans leur erreur en discutant avec lui.

Ce furent alors toutes sortes de questions et d'objections ; mais l'apôtre de l'Eucharistie répondit à tout avec une clarté triomphante et ne laissa aux hérétiques que l'argument de la force. Ils se jetèrent sur le saint, le rouèrent de coups, et, croyant le tuer, ils dirigèrent sur lui une grêle de pierres.

Mais Dieu ne voulait pas encore la mort de son serviteur ; il se contenta de l'offrande de son sacrifice et lui laissa le mérite de son désir du martyre. Pas une pierre ne toucha l'enfant de Saint-François, et les hérétiques se retirèrent honteux de leur insuccès.

En continuant sa marche vers Paris, le saint rencontra un jour un homme à cheval, bien armé, la lance au poing. Comme Pascal lui laissait le milieu du chemin, en marchant dans la poussière, le cavalier, arrêtant tout à coup son cheval, lui dit avec insolence : « Dis-moi, Frère, Dieu est-il au ciel ? — Certainement, répondit Pascal avec simplicité, se demandant où l'inconnu voulait en venir. — C'est bien, » repartit le cavalier, et il s'éloigna aussitôt, laissant le saint dans le plus grand étonnement.

Mais Pascal réfléchit en continuant sa route, et il crut comprendre que cet homme devait être un calviniste, qui l'aurait sans doute percé de sa lance s'il avait répondu, comme l'autre s'y attendait : « Oui, Dieu est au ciel et au Très-Saint-Sacrement de l'autel. » — « Hélas ! s'écria le saint en versant d'abondantes larmes, j'ai cru bien répondre. Ce sont mes péchés qui m'ont empêché de profiter de l'occasion qui m'était offerte de mourir pour Jésus-Christ. Je n'ai pas mérité la grâce du martyre. » Et le saint apôtre de l'Eucharistie ne laissa perdre dans la suite aucune occasion de proclamer sa foi et sa dévotion envers le Très-Saint-Sacrement.

Saint Pascal de retour en Espagne.

Ses supérieurs, voulant le donner comme modèle à tous leurs religieux, le firent passer successivement dans le plus grand nombre de leurs couvents, et, dans tous les emplois qui lui furent confiés, de portier, de quêteur ou de cuisinier, comme dans celui, qu'il remplit quelque temps, de maître des novices et même de supérieur, saint Pascal se fit remarquer par son humilité, sa charité et sa perfection en tout ; et Dieu, pour le recommander encore davantage à l'attention et à l'imitation de tous, se plut à multiplier, par

son entremise et par ses prières, des conversions
et des guérisons merveilleuses.

La sainte Eucharistie devint de plus en plus
son centre d'attraction et le principe de toute sa
vie. Il ne pouvait s'éloigner de l'église ; il y restait de longues heures, plongé dans la prière, toujours à genoux, les mains tendues vers le Tabernacle. Le Jeudi saint, en cet anniversaire de
l'institution de la sainte Eucharistie, Pascal pro-
longeait encore plus ses adorations, ainsi que pour
la Fête-Dieu, et on l'eût pris, en le voyant, pour
une statue représentant la foi et l'amour en face de
l'Hostie sainte.

Il communiait le plus souvent possible, puri-
fiant son âme par des confessions très fréquentes ;
et, après avoir versé des larmes d'amour pendant
la sainte communion, obligé même de se retirer
à l'écart pour cacher aux autres les transports de
son cœur, il tâchait de faire toutes ses actions
avec la plus grande perfection pour ne pas perdre,
disait-il, la grâce du divin Sacrement.

Quand il était obligé de vivre éloigné de l'é-
glise, il restait toujours en conversation intime
avec l'hôte divin du Tabernacle qui régnait en son
cœur par la grâce ; et ainsi, occupé à toutes sortes
de choses matérielles, le voyait-on quand même
toujours absorbé en Dieu, souvent en extase, et

quelquefois soulevé de terre par le transport de son âme. Il vivait partout, en voyage et jusqu'au fond des campagnes désertes, comme s'il se trouvait toujours dans un temple consacré, employé aux saintes cérémonies.

Levé à minuit pour l'office, saint Pascal demeurait ensuite en prières à la chapelle jusqu'au lendemain pour la sainte Messe, et ne se retirait qu'après une longue action de grâces. Il servait toutes les messes qu'il pouvait, sans regarder à la fatigue, et quand il était obligé d'accourir à la porte pendant quelque office, il revenait aussitôt au chœur, ne fût-ce que pour réciter une courte prière.

Et tout à tous, comme tout à tout, ne craignant pas comme certains, ainsi que dit un de ses historiens, de perdre Dieu en passant du soleil à l'ombre, il écoutait et servait tout le monde, et les docteurs eux-mêmes, prêtres et théologiens, trouvaient auprès de lui lumière et réconfort.

Pratiques de dévotion de saint Pascal envers la sainte Eucharistie.

Formé à l'école de saint François d'Assise, saint Pascal ne manquait pas d'adorer Notre-

Seigneur en entrant dans les églises, les saluant de loin dans ses voyages, en disant comme l'avait appris le saint patriarche à ses disciples : « Nous vous adorons, Seigneur Jésus, ici et dans toutes les églises où vous êtes présent, » multipliant ainsi son cœur, pour l'envoyer sur les ailes de l'amour partout où se trouvait le Saint-Sacrement.

A l'exemple de saint François, qui a dit cette magnifique parole de foi : « Si je rencontrais en même temps un ange et un prêtre, je saluerais d'abord le prêtre, parce que celui-ci, et non pas l'ange, a le pouvoir de faire descendre Jésus-Christ sur l'autel, » saint Pascal Baylon traitait tous les prêtres avec la plus grande révérence, et il se donnait avec générosité à tout ce qu'il fallait pour entretenir avec soin les autels et les chapelles.

Il récitait plusieurs fois par jour une prière spéciale au Saint-Sacrement, qu'il appelait le Rosaire de Notre-Seigneur, et il en expliquait ainsi l'origine : Ce Rosaire de Notre-Seigneur fut enseigné à un religieux qui méditait les mystères du Rosaire de Notre-Dame. Il vit alors Marie demander à Jésus une faveur spéciale, et Notre-Seigneur dit à sa divine Mère que le religieux pourrait bien lui former à lui aussi une couronne en disant : *Ave benignissime Jesu !* « Salut, très doux Jésus, » en la place de l'*Ave Maria*, et en remplaçant les *Pater* par des *Ave*.

Saint Pascal, en racontant cette vision, ne nommait pas le religieux en question, mais tous étaient convaincus qu'il s'agissait de lui-même, et en tout cas, c'est une indication pour les fidèles dévots de la sainte Eucharistie de chercher à l'honorer comme le faisait leur saint patron Pascal, d'après une révélation céleste.

Mort de saint Pascal.

Ce fut en servant une Messe que le saint reçut l'assurance qu'il irait bientôt en paradis, que sa mort était proche. Il ne savait comment manifester alors sa joie, dans sa famille religieuse et au dehors, et tout le monde était étonné de voir en lui un si grand changement.

Une nuit, vaincu par la fièvre et la maladie, il ne put quitter la pauvre planche sur laquelle il dormait, et le matin, alors qu'il avait l'habitude d'ouvrir la porte de l'église à la première heure, il n'avait pas encore paru après la sonnerie de la Messe. On alla le voir. « Prenez les clés, dit-il, et ouvrez les portes, car je suis malade, et je vais mourir, » ajouta-t-il en souriant.

Tous les religieux voulaient l'assister et le servir ; les gens du dehors obtinrent de venir le saluer une dernière fois, et le saint les consolait et les encourageait en les bénissant, et en faisant encore, par ses prières et ses paroles, des guérisons miraculeuses.

Il reçut une dernière fois en viatique la divine Hostie, avec les sentiments d'un séraphin déjà en union avec Dieu au ciel, et un matin il demanda : « La Messe conventuelle est-elle sonnée ? — Non, lui fut-il répondu, mais elle ne tardera guère. — Tant mieux ! ajouta-t-il, car elle sonnera en même temps ma délivrance éternelle. » Et la cloche tintant à l'élévation, tandis que le prêtre élevait la sainte Hostie, saint Pascal s'écria par deux fois : « Jésus ! Jésus ! » et il rendit son âme à Dieu. Il avait 52 ans.

Le ressuscité de l'Eucharistie.

Le corps de saint Pascal fut exposé à l'église à la vénération des fidèles et les guérisons miraculeuses commencèrent à publier la sainteté et la puissance céleste du défunt.

On célébra le jour suivant une Messe en présence de ce bienheureux corps, et voici qu'au moment de l'élévation, tandis que le prêtre tenait l'Hostie élevée vers le ciel, les yeux du saint s'ouvrirent et fixèrent la sainte Hostie. « Miracle! miracle! s'écria-t-on, le saint a ouvert les yeux. » On s'empressa autour de lui, et à la seconde élévation, pendant que le prêtre montrait le calice du précieux Sang pour le faire adorer des fidèles, les yeux du saint s'ouvrirent de nouveau, et restèrent fixés sur le calice jusqu'à ce que le prêtre l'eût déposé sur l'autel. Le corps redevint ensuite rigide et immobile comme un cadavre, mais nullement atteint par la cruauté et la laideur de la mort, orné au contraire d'une fraîcheur d'innocence, et baigné d'une sueur parfumée qui, recueillie avec des linges, obtint de véritables prodiges de guérison.

Mais ce qu'il y a de plus remarquable, c'est que l'on a entendu souvent dans le tombeau du saint des coups mystérieux et retentissants, ressemblant quelquefois au bruit du tonnerre, qui se sont répétés jusqu'à vingt-six fois de suite, ce qui s'est reproduit aussi par le moyen de ses reliques et de ses images, et ordinairement quand on dit quelque louange en l'honneur du Très-Saint-Sacrement : fait merveilleux, attesté par un nombre incalculable de témoins.

Un jour, un religieux sacristain, un peu pressé

dans son emploi, passa deux fois devant le Tabernacle sans faire la génuflexion ; à la troisième fois, il entendit un grand coup retentir dans la châsse du saint, et comprenant la leçon, fondant en larmes, il répara aussitôt son irrévérence.

Deux Pères Jésuites, étant venus au tombeau du saint, ne croyant pas au prodige, se mirent à discuter sur l'impossibilité du fait dont tout le monde parlait. Une bonne femme priait alors près du tombeau : « Bon saint, s'écria-t-elle dans sa simplicité, voilà le moment de frapper un grand coup, » et aussitôt le prodige s'opéra et les deux religieux, convaincus, furent obligés de se rendre à l'évidence.

« Ce prodige, a écrit un des biographes du saint, est si fréquent maintenant et si continuel qu'il est devenu une chose toute naturelle. »

Rien d'étonnant après cela qu'un concours immense et incessant de pèlerins se soit organisé auprès du tombeau du saint, qui fut ainsi visité par les rois d'Espagne eux-mêmes et des personnes de tout rang, et que la dévotion à saint Pascal se soit propagée en Italie, en Flandre, en Allemagne, et jusque dans les Indes, d'autant plus que par son intercession toutes sortes de grâces et de prodiges ont été obtenus.

Dieu, en effet, a illustré son saint privilégié de

l'Eucharistie. L'Église a placé saint Pascal Baylon sur les autels, et le pape Léon XIII l'a jugé
digne d'être nommé officiellement le patron tout
spécial des congrès et des œuvres eucharistiques.

Saint Pascal Baylon, patron des âmes dévotes
u Très-Saint-Sacrement, priez pour nous !

FIN.

Poitiers. — Société française d'imprimerie.

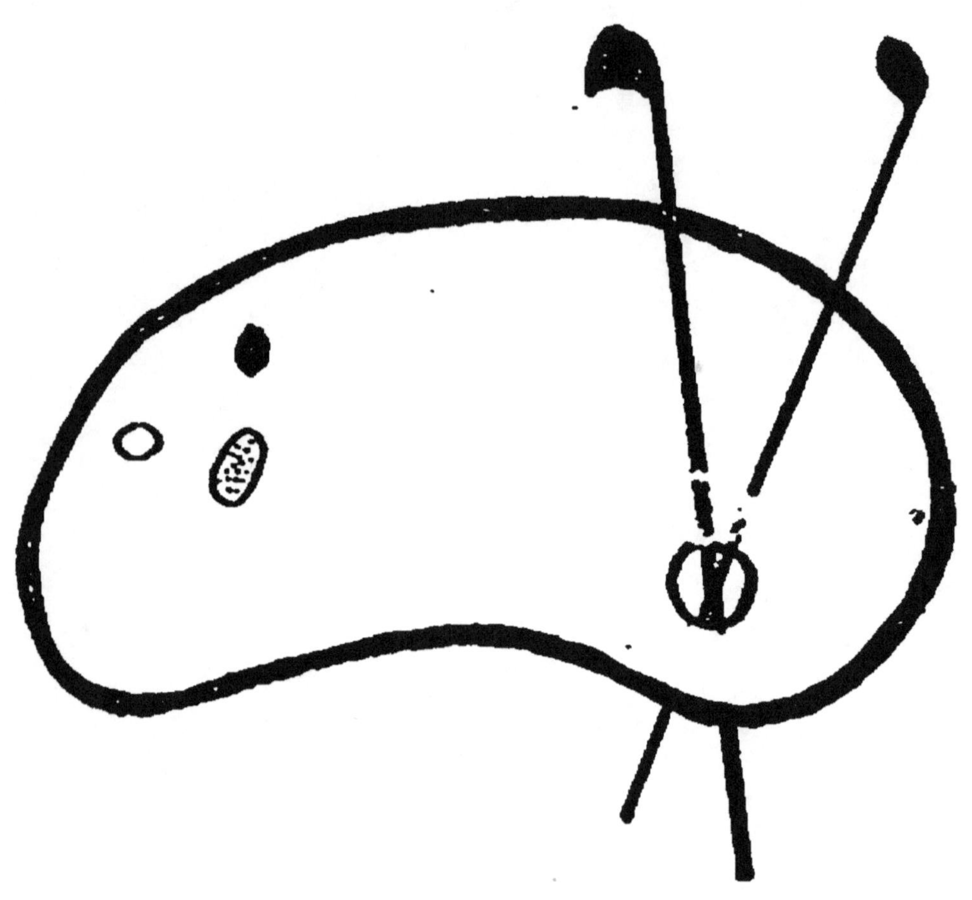

ORIGINAL EN COULEUR

NP Z 43-120-8